So geht es:

 Male.

 Sprich und höre genau.

 Verbinde.

 Kreise ein.

 Kreuze an.

1

Spure nach.

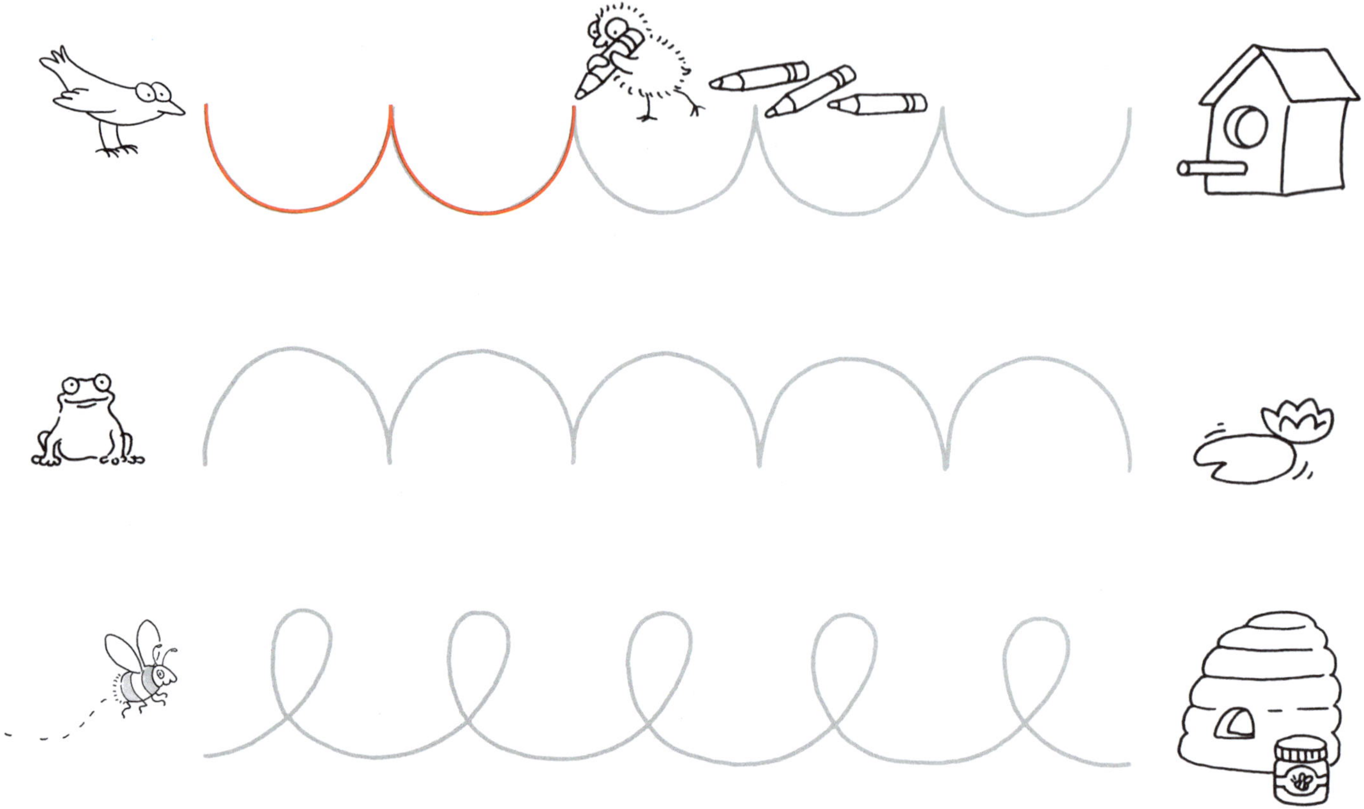

Spure nach.

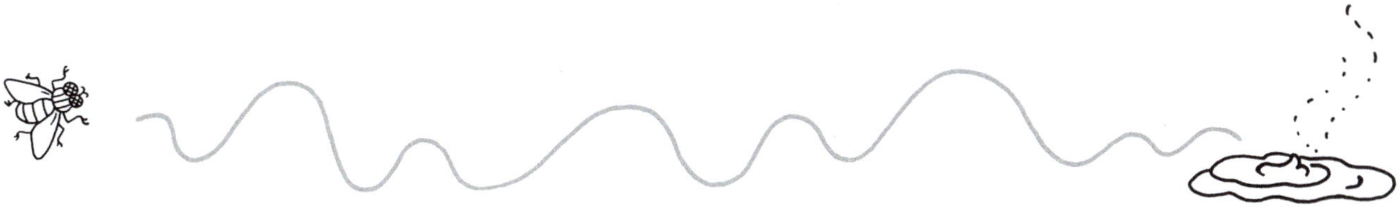

Motorische Kompetenz:
Schreibmotorik

Spure nach.

Verbinde und male.

Motorische Kompetenz:
Feinmotorik

Finde den Weg.

8

Wer findet das Futter?

Motorische Kompetenz:
Feinmotorik

Finde die Tiere.

Kognitive Kompetenz:
Konzentration

5 Dinge passen nicht.

Verbinde.

Verbinde.

Ergänze.

Kognitive Kompetenz:
Konzentration

Ergänze.

Kognitive Kompetenz:
Konzentration

Verbinde.

Verbinde.

Verbinde.

TIERE

Male.

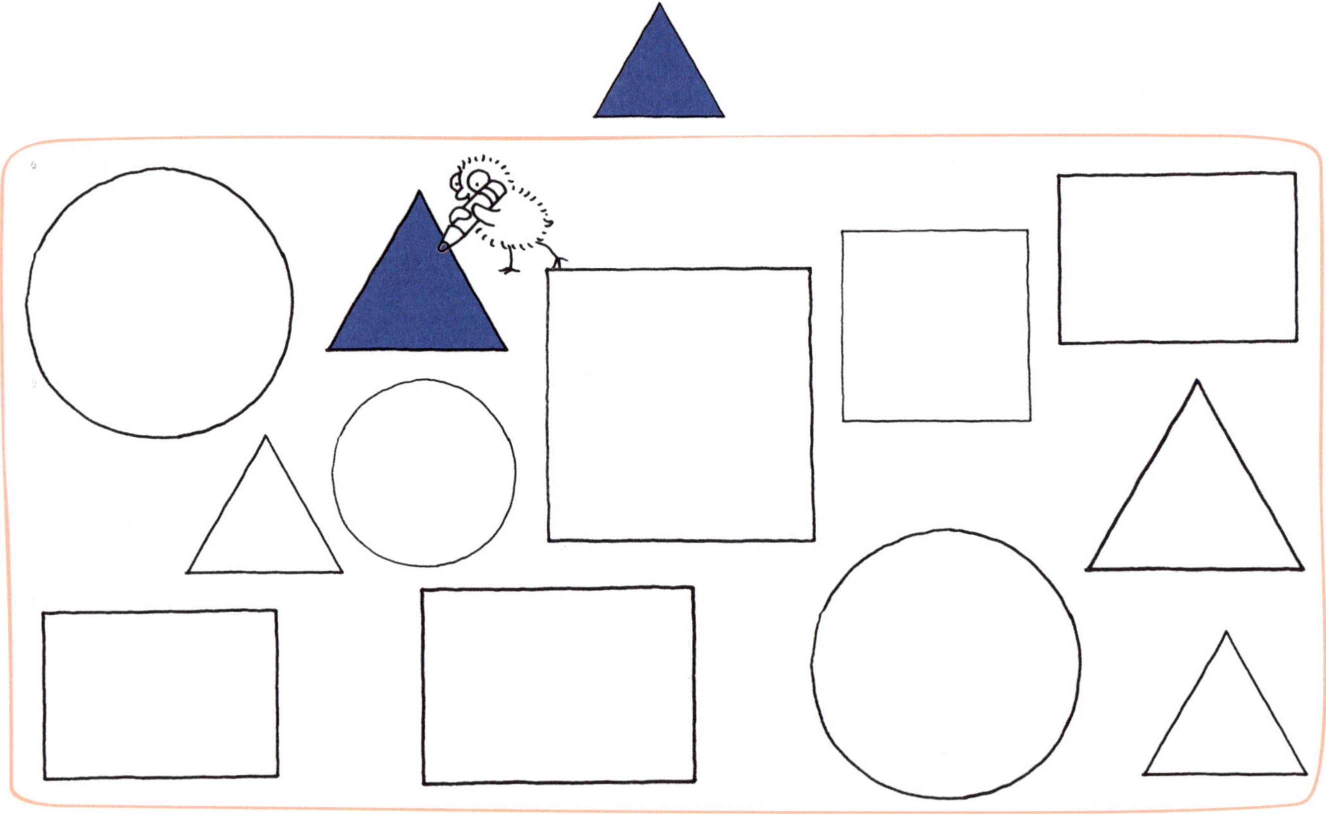

Male.

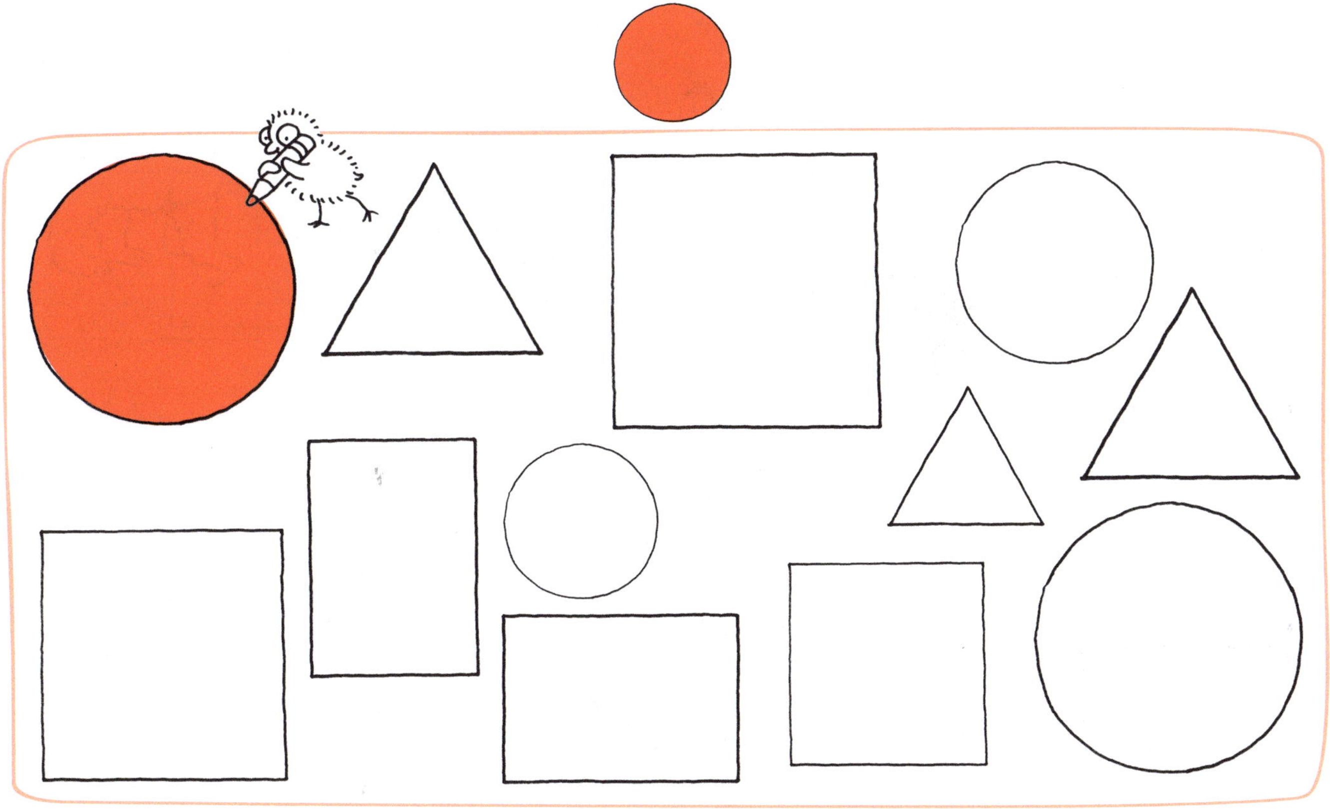

Kognitive Kompetenz:
Abstraktionsfähigkeit

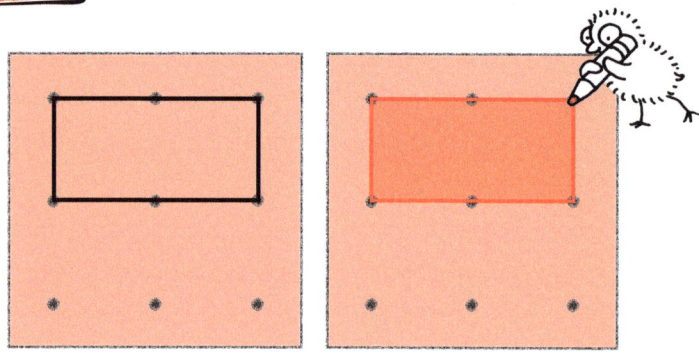

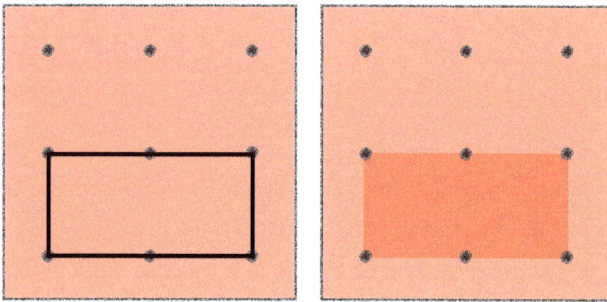

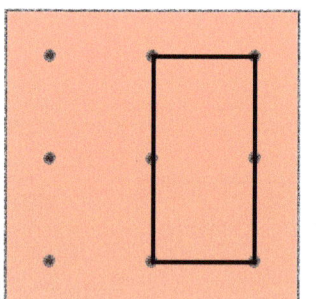

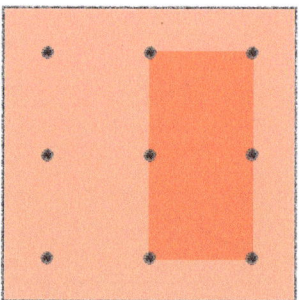

22

Mathematische Kompetenz:
Raum und Form (geometrische Figuren)

Zeichne die Figuren nach.

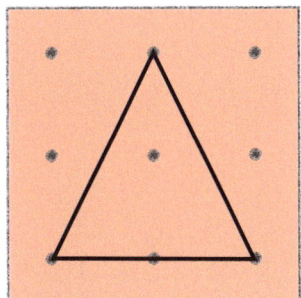 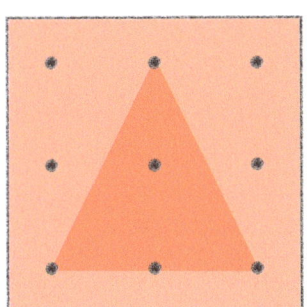 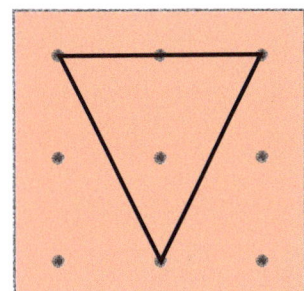 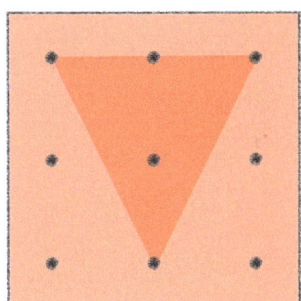

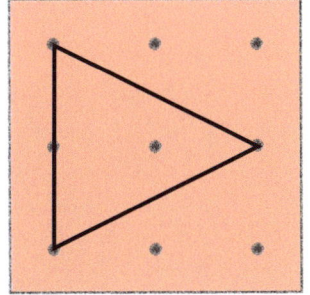 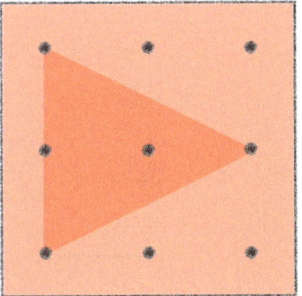 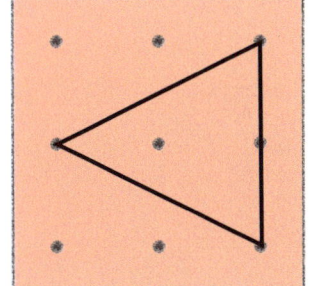 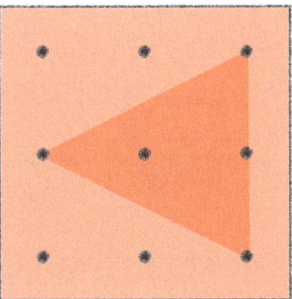

Mathematische Kompetenz:
Raum und Form (geometrische Figuren)

Verbinde.

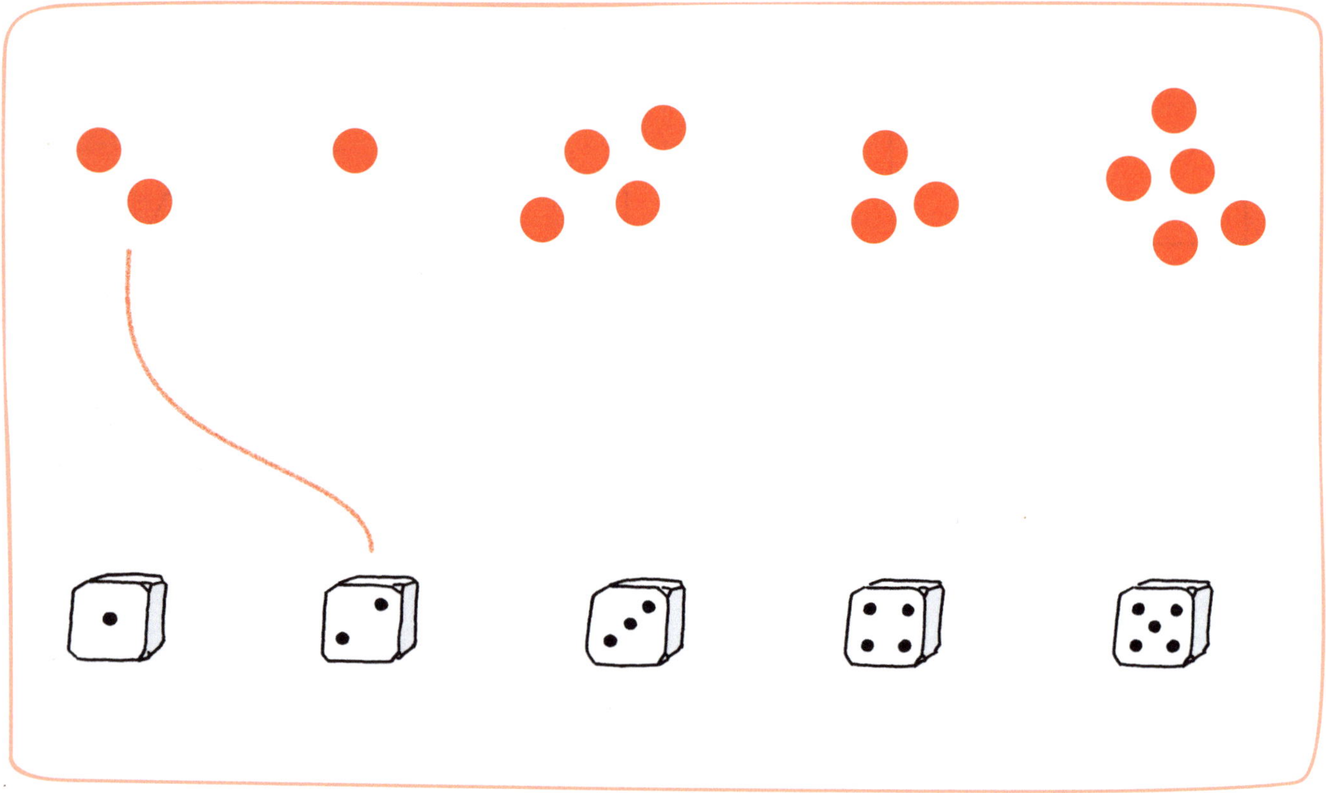

Mathematische Kompetenz:
Zahlen und Operationen (Mengen, Simultanerfassung)

Verbinde.

Verbinde.

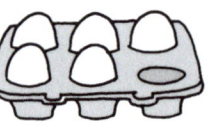

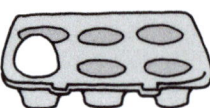

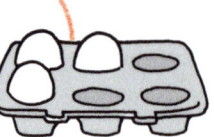

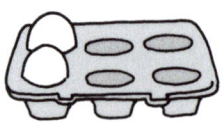

26

Mathematische Kompetenz:
Zahlen und Operationen (Mengen)

Kreise ein.

		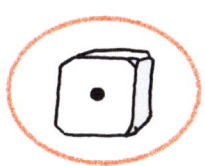	

 1  2  3

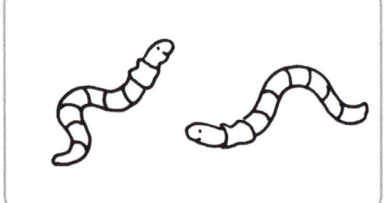  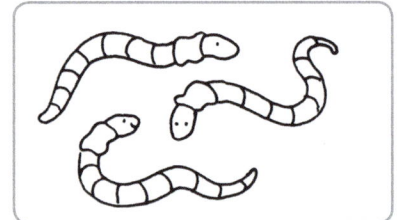

Mathematische Kompetenz:
Zahlen und Operationen (Mengen, Zahlbeziehung)

Verbinde.

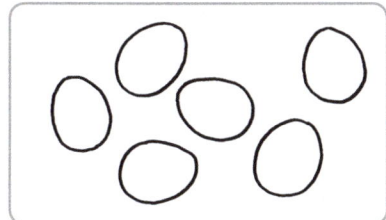 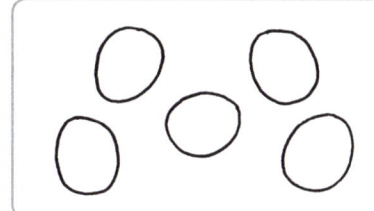 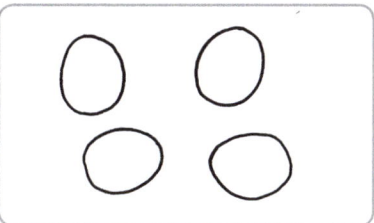

 4  5  6

Mathematische Kompetenz:
Zahlen und Operationen (Mengen, Zahlbeziehung)

Sprich und kreise ein.

Reime!

 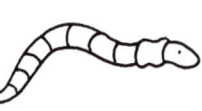  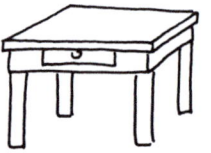

© Westermann

Sprachliche Kompetenz:
Phonologische Bewusstheit (Reime)

Sprich und verbinde.

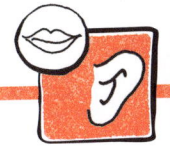

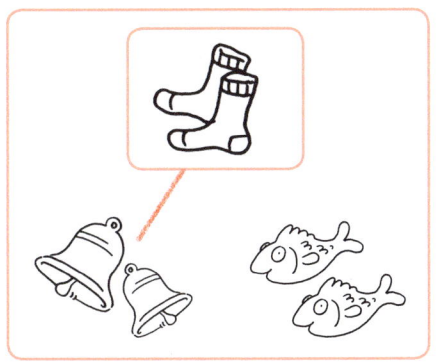

Sprich und verbinde.

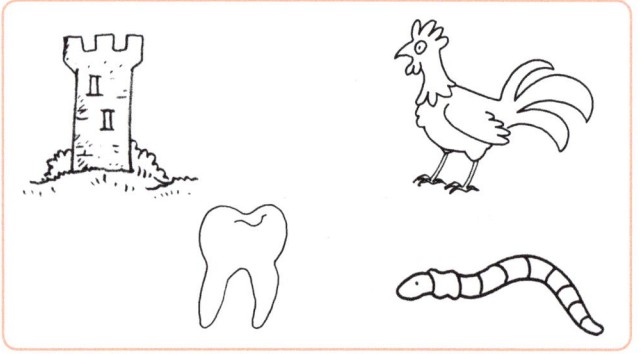

Sprachliche Kompetenz:
Phonologische Bewusstheit (Reime)

Sprich und verbinde.

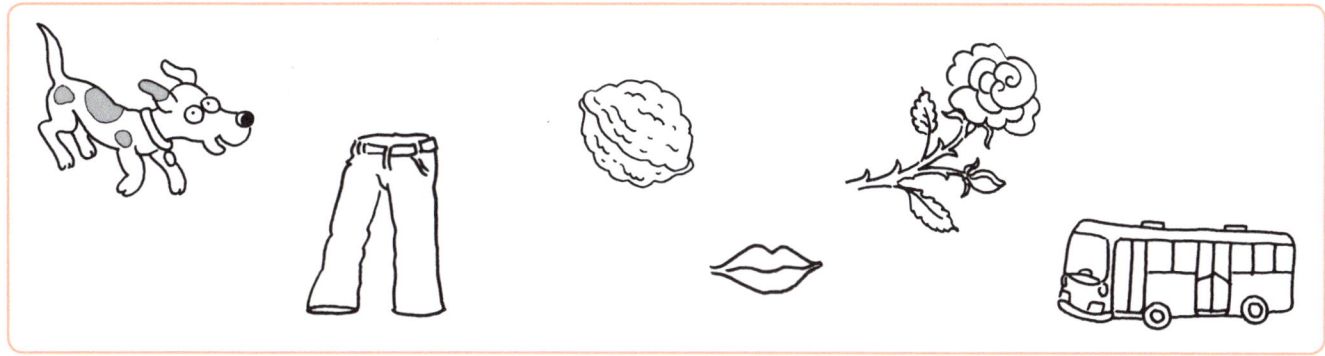

Sprich und kreuze an.

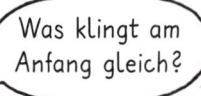 Was klingt am Anfang gleich?

Sprachliche Kompetenz:
Phonologische Bewusstheit (Anlaute)

Sprich und kreuze an.

Sprich und kreise ein.

Sprachliche Kompetenz:
Phonologische Bewusstheit (Anlaute)

Sprich und kreise ein.

Sprich und verbinde.

TIERE

38

Sprachliche Kompetenz:
Phonologische Bewusstheit (Silbengliederung)

Sprich und verbinde.

Verbinde.

40

Kreise ein.

Kreise ein.

Kognitive Kompetenz:
Merkfähigkeit

4 Dinge passen nicht.

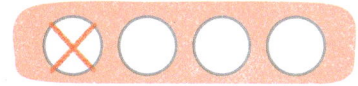

Male.

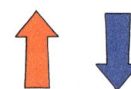

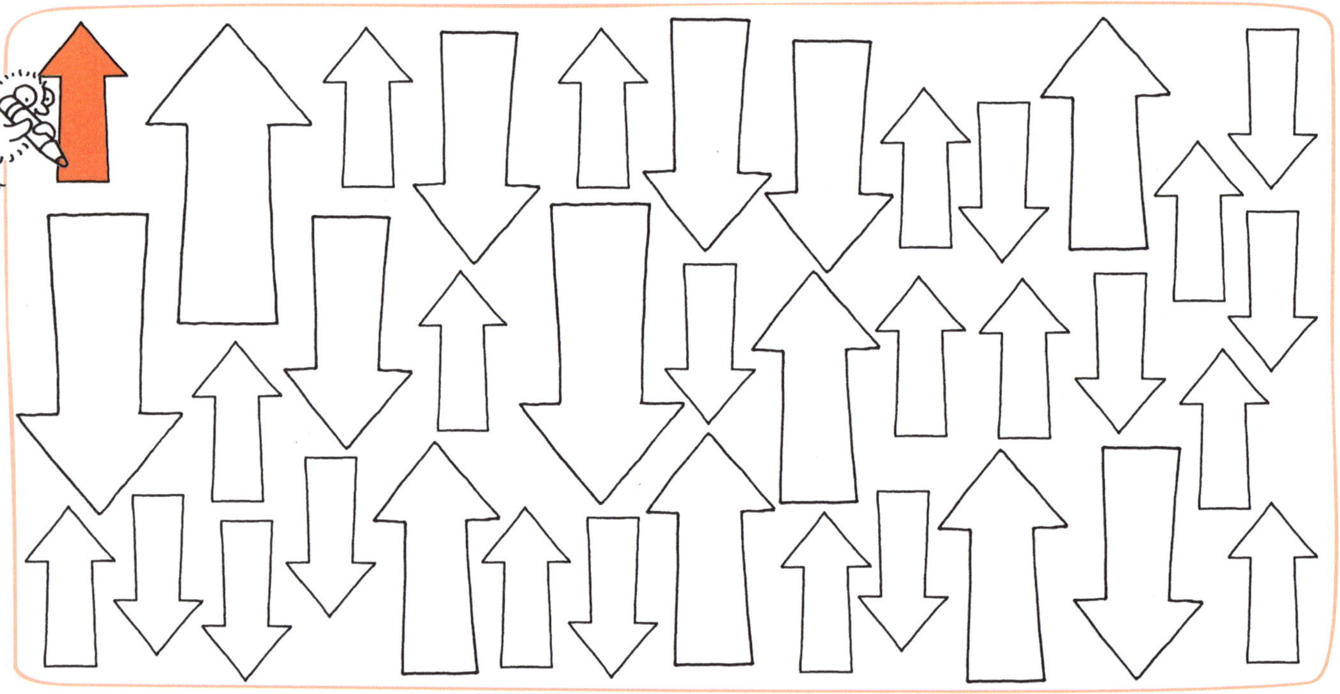

Mathematische Kompetenz:
Raum und Form (Raum-Lage-Wahrnehmung)

Kreise ein.

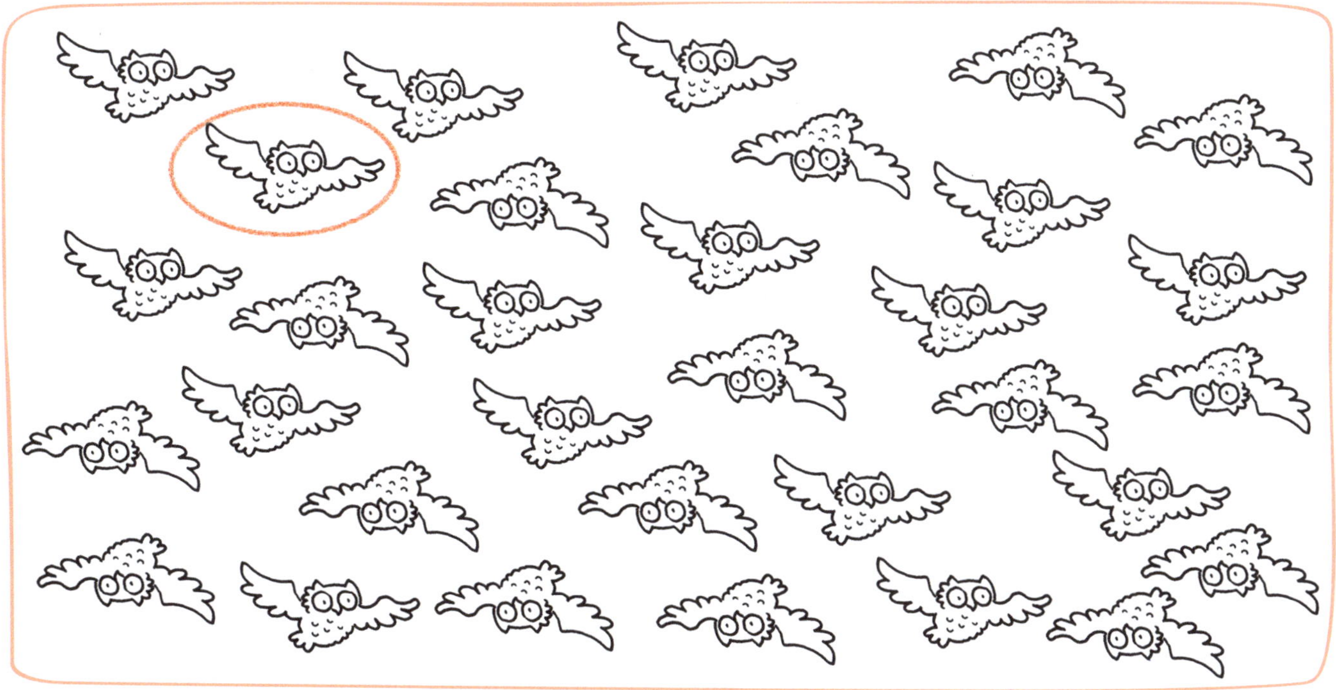

Male.

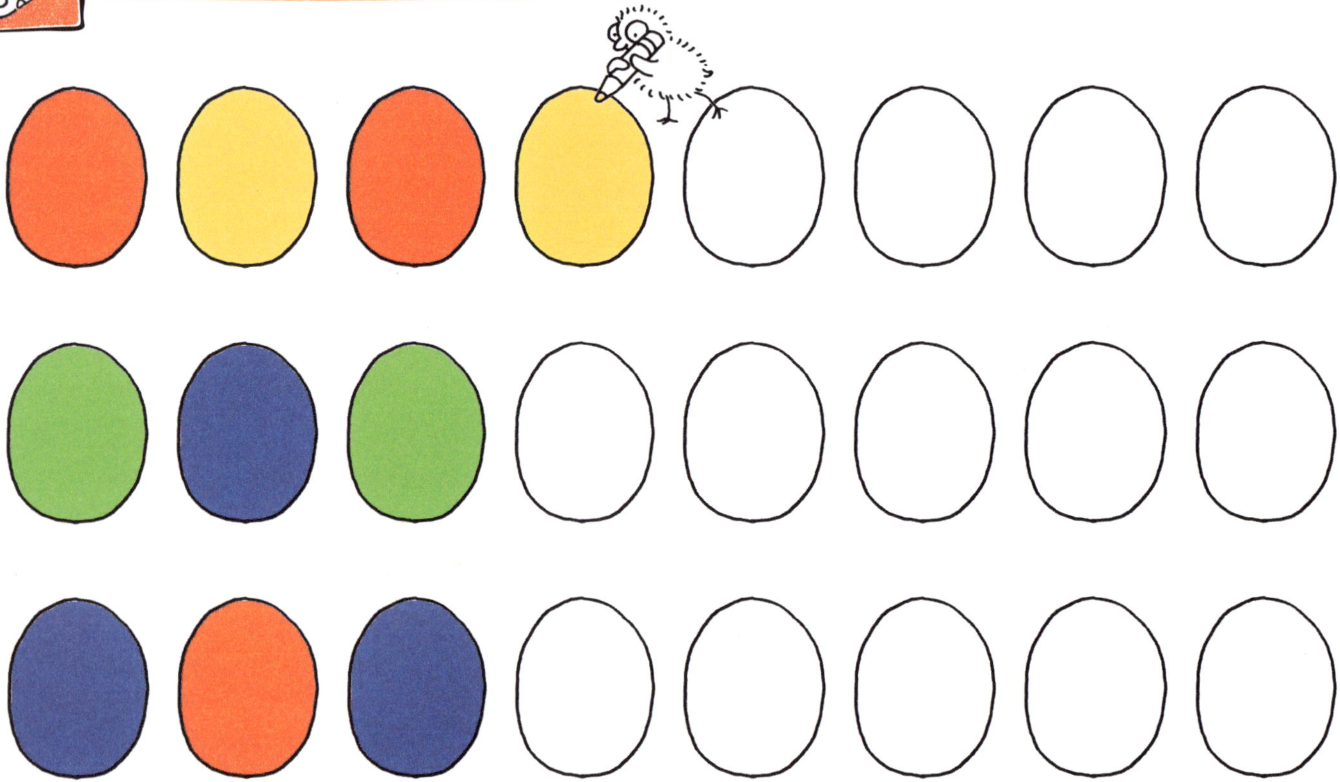

Mathematische Kompetenz:
Muster und Strukturen

Bastele die Küken-Fingerpuppe!